Exquisitas
TAPAS

H KLICZKOWSKI

Tapas

Las tapas son un elemento característico de la gastronomía española. En cualquier bar se puede disfrutar de un delicioso bocado de marisco, aceitunas o chorizo picante, acompañado con una copa de jerez.

El término "tapa" tiene su origen en el verbo "tapar". En un principio las tapas eran precisamente eso: una rebanada de pan o una loncha de jamón que se colocaba sobre la copa de jerez en los bares o tabernas a fin de mantener alejadas a las moscas. Estos bocados salados a su vez provocaban sed y, por tanto, una mayor venta de bebida.

Las tapas han ido evolucionando y hoy son a menudo la principal razón para encaminarse a un bar. En la actualidad son toda una institución. Dado que en España normalmente no se come hasta las 2 ó las 3 de la tarde y no se cena hasta las 9 ó las 10 de la noche, las tapas resultan un perfecto tentempié además de una buena excusa para encontrarse con los amigos.

No siempre pueden considerarse como simples aperitivos, ya que, aunque se suelen servir en raciones pequeñas, en algunos casos constituyen un buen primero o incluso un plato principal. Por otro lado, la inventiva del *chef* tiene un papel importante.

En general la cocina española no es tan fuerte ni picante como la sudamericana, aunque ambas comparten buen número de ingredientes. Se trata de buenos productos preparados de manera sencilla: desde pescado y marisco

De izquierda a derecha: alcaparras; queso; chorizo; gambas con trozos de limón; jamón serrano; cebolletas en vinagre; Pimientos rojos marinados (página 59); Aceitunas marinadas (páginas 20-21); Pimientos alargados con ajo (página 22) y Alcachofas en vinagreta aromática (página 26)

fresco hasta pimientos y tomates madurados al sol, pasando por platos regionales de carne y pescado ahumados, a menudo sazonados con azafrán, pimentón y aceite de oliva.

Para servir unas tapas no es preciso seguir ninguna pauta. Pueden distribuirse para picar en una fiesta, o constituir el aperitivo de una cena, o incluso pueden sustituir toda una comida si son abundantes.

Las recetas de este libro están pensadas para cuatro personas, siempre que se acompañen con otros platos. Si desea preparar una comida a base de tapas, calcule unas dos recetas por comensal y no olvide el pan para las salsas. Un aceite de oliva virgen extra de calidad aportará mayor sabor a sus platos (si bien para freír puede usar aceite de oliva normal).

Las cazuelitas de barro son muy prácticas: puede usarlas tanto para cocinar las tapas como para servirlas. Además dan un toque auténtico a la presentación.

Muchas tapas se toman frías o a temperatura ambiente, y puede dejarlas en el centro de la mesa para que cada comensal vaya picando. Otras pueden prepararse con antelación, aunque se deben terminar en el último momento y servir mientras estén calientes.

¿Y para beber? Refrescos, cerveza, vino o sangría, pero si desea mantenerse fiel a las tradiciones, nada mejor que un jerez seco bien frío.

Tapas

Si organiza un ágape a base de tapas, combine platos fríos y calientes. Opte por algunas recetas que pueda preparar con antelación, de modo que también usted disfrute de la fiesta.

Empanadillas de jamón y aceitunas

Tiempo de preparación:
45 minutos +
5 minutos para enfriar
Tiempo de cocción:
25 minutos
Para unas 15 unidades

2 huevos
40 g de aceitunas verdes rellenas picadas
95 g de jamón picado
30 g de cheddar rallado
3 láminas de pasta de hojaldre preparada y descongelada
1 yema de huevo poco batida

1. Coloque los huevos en un cazo pequeño, cúbralos con agua y llévelos a ebullición. Déjelos hervir 10 minutos, escúrralos y déjelos en agua fría 5 minutos. Pélelos y píquelos.
2. Mezcle los huevos, las aceitunas, el jamón y el cheddar en un cuenco. Precaliente el horno a 220°C. Engrase dos bandejas de horno.
3. Corte unos 5 círculos de 10 cm de cada lámina de hojaldre. Disponga una cucharada de la mezcla de jamón y aceitunas en el centro de cada círculo, dóblelos sobre el relleno y presione los bordes con un tenedor para sellarlos.
4. Disponga las empanadillas en las bandejas, con una separación de unos 2 cm. Píntelas con la yema de huevo y hornéelas en el centro o mitad superior del horno durante 15 minutos o hasta que crezcan y se doren. Al cabo de 10 minutos, intercambie las bandejas de posición y, en caso de que las empanadillas se doren demasiado, cúbralas holgadamente con papel de aluminio. Sírvalas calientes.

VALOR NUTRITIVO POR EMPANADILLA
Proteínas 5 g; grasas 10 g; hidratos de carbono 12 g; fibra 1 g; colesterol 50 mg; 160 cal

Empanadillas de jamón y aceitunas

Salchichas de ternera en vino blanco

Tiempo de preparación:
10 minutos
Tiempo de cocción:
10 minutos
Para 4 personas

2 cucharaditas de aceite de oliva
4 salchichas de ternera (véase la nota)
1 diente de ajo picado
125 ml de vino blanco seco
60 ml de caldo de pollo
2 cucharaditas de perejil fresco picado

1. Caliente el aceite en una sartén a fuego medio y fría las salchichas 5 minutos, dándoles la vuelta para que se doren. Escúrralas sobre papel absorbente, déjelas enfriar un poco y córtelas en diagonal en trozos de 3 cm.
2. Sofría el ajo en la sartén caliente a fuego medio, removiendo, durante 30 segundos. Suba el fuego y añada el vino y el caldo. Déjelo cocer 3 minutos o hasta que el líquido se reduzca en unos dos tercios. Devuelva las salchichas a la sartén y caliéntelas durante unos 30 segundos. Retírelas del fuego, incorpore el perejil y sazónelas con sal y pimienta negra recién molida. Sírvalas calientes con pan.

VALOR NUTRITIVO POR RACIÓN
Proteínas 11 g; grasas 3 g; hidratos de carbono 0,5 g; fibra 0 g; colesterol 40 mg; 98 cal

Nota: Las salchichas de ternera suelen contener una mezcla de carne de cerdo y de ternera. Si desea utilizar salchichas especiadas, no opte por aromas exóticos.

Brochetas de vaca a la barbacoa

Tiempo de preparación:
15 minutos +
2 horas en marinada
Tiempo de cocción:
5 minutos
Para 12 unidades

12 brochetas de madera de 15,5 cm
1 kg de filete de vaca
3 dientes de ajo picados
1 cucharada de perejil fresco picado
80 ml de zumo de limón
1/2 cucharadita de pimienta negra

Salchichas de ternera en vino blanco (arriba) y Brochetas de vaca a la barbacoa

Aderezo de pimentón
2 cucharaditas de pimentón
1 buena pizca de cayena
1/2 cucharadita de sal
2 cucharadas de vinagre de vino tinto
80 ml de aceite de oliva

1. Deje las brochetas en remojo en agua durante 1 hora, o hasta que se hundan, a fin de que luego no se quemen.
2. Recorte el exceso de grasa del filete y córtelo en trozos de 3 cm. Mezcle la carne, el ajo, el perejil, el zumo y la pimienta en un cuenco que no sea metálico. Cúbralo con film transparente y déjelo marinar 2 horas en el frigorífico.
3. Para preparar el aderezo, bata el pimentón junto con la cayena, la sal, el vinagre y el aceite, hasta que la mezcla resulte homogénea.
4. Precaliente la parrilla o una plancha de barbacoa ligeramente engrasada. Ensarte los trozos de carne marinada en las brochetas y áselas unos 5 ó 6 minutos, dándoles la vuelta. Rocíelas con el aderezo y sírvalas calientes con limón o una ensalada verde.

VALOR NUTRITIVO POR BROCHETA
Proteínas 20 g; grasas 8,5 g; hidratos de carbono 0,5 g; fibra 0 g; colesterol 55 mg; 160 cal

Calamares a la romana

Tiempo de preparación: 10 minutos + 30 minutos de refrigeración
Tiempo de cocción: 10 minutos
Para 4 personas

350 g de calamares limpios
1/2 cucharadita de sal
40 g de harina
1/4 cucharadita de pimienta negra
aceite abundante para freír
trozos de limón

1. Corte el calamar en aros de 1 cm de ancho. Sale uniformemente. Tápelos y refrigérelos 30 minutos. Séquelos después con papel absorbente.
2. Mezcle la harina y la pimienta en un cuenco. Llene con aceite un tercio de un cazo hondo de fondo pesado y caliéntelo a 180°C (un dado de pan se doraría en 15 segundos). Pase algunos calamares por la harina y fríalos, dándoles la vuelta con una cuchara de mango largo, durante 3 minutos o hasta que empiecen a dorarse y resulten crujientes. Realice la misma operación con las siguientes tandas de calamares. Escúrralos sobre papel absorbente y sírvalos calientes, con limón.

VALOR NUTRITIVO POR RACIÓN
Proteínas 15 g; grasas 3,5 g; hidratos de carbono 7 g; fibra 0,5 g; colesterol 175 mg; 125 cal

Patatas picantes

Tiempo de preparación: 15 minutos
Tiempo de cocción: 55 minutos
Para 6 personas

800 g de patatas, en trozos de 3 ó 4 cm
60 ml de aceite de oliva

Salsa picante de tomate
1 cucharada de aceite de oliva
1 cebolla pequeña picada
1 diente de ajo majado
1/2 cucharadita de comino molido
1/2 cucharadita de guindilla molida
1 cucharadita de pimentón
60 ml de vino blanco seco
2 tomates maduros picados finos
1 cucharada de concentrado de tomate
1 golpe de salsa Tabasco
1 cucharada de perejil fresco picado grueso

1. Precaliente el horno a 210°C. Coloque las patatas en una fuente de horno de 20 x 30 cm; rocíelas con el aceite, espolvoréelas con un poco de sal y remuévalas. Hornéelas en la mitad superior del horno 40 minutos, dándoles la vuelta una vez, hasta que estén bien asadas y doradas.
2. Para la salsa, caliente el aceite en un cazo a fuego medio y sofría la cebolla durante 3 minutos, removiendo de vez en cuando. Agregue el ajo, el comino, la guindilla y el pimentón y sofríalo todo 1 minuto. Suba el fuego, incorpore el vino y déjelo cocer 30 segundos. Reduzca a fuego medio y añada los tomates y el concentrado de tomate. Sofríalo todo, removiendo de vez en cuando, durante unos 10 minutos.
3. Pase la salsa por un robot de cocina o una licuadora hasta que quede fina. Devuélvala al cazo para calentarla e incorpore el Tabasco, el perejil y una pizca de sal. Viértala sobre las patatas y sirva caliente.

VALOR NUTRITIVO POR RACIÓN
Proteínas 4,5 g; grasas 15 g; hidratos de carbono 20 g; fibra 3,5 g; colesterol 0 mg; 220 cal

Calamares a la romana (arriba) y Patatas picantes

Cebiche de vieiras

Tiempo de preparación:
20 minutos +
2 horas en marinada
Tiempo de cocción:
Ninguno
Para 15 unidades

15 vieiras con una de las valvas
1 cucharadita de ralladura fina de lima
2 dientes de ajo picados
2 guindillas rojas, sin semillas y picadas
60 ml de zumo de lima
1 cucharada de perejil fresco picado
1 cucharada de aceite de oliva

1. Retire las vieiras de las valvas. Si están adheridas, sepárelas cuidadosamente con un cuchillo pequeño y afilado, procurando dejar en la valva tan poca carne como sea posible. Deseche la vena oscura y el músculo blanco y lave las valvas.
2. En un cuenco que no sea metálico, mezcle la ralladura de lima, el ajo, la guindilla, el zumo de lima, el perejil y el aceite de oliva y sazone la mezcla con sal y pimienta negra recién molida. Coloque las vieiras en la salsa y remuévalas para que queden bien cubiertas. Tape el cuenco con film transparente y deje marinar las vieiras en el frigorífico 2 horas para que se "hagan".
3. Disponga las vieiras en las valvas, vierta la salsa por encima y sírvalas frías.

VALOR NUTRITIVO POR VIEIRA
Proteínas 1,5 g; grasas 1,5 g; hidratos de carbono 0,5 g; fibra 0 g; colesterol 4 mg; 20 cal

Nota: Estas vieiras se conservan hasta 2 días en la salsa.

Hojaldres de espárragos

Tiempo de preparación:
20 minutos
Tiempo de cocción:
25 minutos
Para 16 unidades

16 puntas de espárragos frescos
1/2 cucharadita de sal
1/2 cucharadita de pimienta negra
2 cucharadas de ralladura de limón
2 láminas de pasta de hojaldre preparada y descongelada
1 yema de huevo
1 cucharada de semillas de sésamo

1. Caliente el horno a 200°C.
2. Ponga los espárragos en un cazo grande con agua hirviendo ligeramente salada y déjelos cocer unos 3 minutos. Escúrralos y enfríelos bajo el grifo. Córtelos en trozos de 10 cm.
3. Mezcle la sal, la pimienta y la ralladura en una fuente plana y pase cada trozo de espárrago por esta mezcla.
4. Corte las láminas de hojaldre en rectángulos de 6 x 12 cm y disponga en cada uno un trozo de espárrago. En un cuenco, bata la yema de huevo junto con 2 cucharaditas de agua y pinte con esta mezcla los bordes de cada rectángulo de hojaldre. Enróllelos de modo que el espárrago quede envuelto por completo y presione los bordes con un tenedor para sellarlos.
5. Disponga los hojaldres en bandejas de horno ligeramente engrasadas. Píntelos con la mezcla de huevo restante y espolvoréelos con semillas de sésamo.
6. Hornee los hojaldres durante 15 ó 20 minutos, o hasta que se doren. Puede servirlos fríos o calientes.

VALOR NUTRITIVO POR HOJALDRE
Proteínas 2 g; grasas 6 g; hidratos de carbono 7,5 g; fibra 0,5 g; colesterol 30 mg; 95 cal

Cebiche de vieiras (arriba) y Hojaldres de espárragos

Sopa blanca de ajo con uvas

Tiempo de preparación:
20 minutos + 1 hora de refrigeración
Tiempo de cocción:
Ninguno
Para 4 personas

80 g de pan blanco recién rallado
185 ml de leche
125 g de almendras peladas
2 dientes de ajo picados gruesos
2 cucharadas de aceite de oliva virgen extra
2 cucharadas de vinagre de jerez
375 ml de agua helada
135 g de uvas verdes, peladas y sin pepitas

1. Ponga el pan rallado en un cuenco pequeño, añada la leche y déjelo 5 minutos para que se empape.
2. Coloque las almendras, el ajo y un poco de sal en un robot de cocina y píquelo hasta que quede fino (no lo triture demasiado, pues las almendras se volverían aceitosas). Añada el pan rallado empapado con la leche y tritúrelo hasta que resulte una mezcla fina. Luego, añada gradualmente el aceite de oliva y triture hasta que la mezcla quede espesa y cremosa.
3. Pase la mezcla a un cuenco grande e incorpore gradualmente el vinagre y el agua. Tápela y refrigérela 1 hora. Sale la sopa y disponga unas uvas flotando.

VALOR NUTRITIVO POR RACIÓN
Proteínas 10 g; grasas 30 g; hidratos de carbono 20 g; fibra 4 g; colesterol 6 mg; 395 cal

Ensalada de alubias

Tiempo de preparación:
15 minutos + 1 noche en remojo + 1 hora en marinada
Tiempo de cocción:
55 minutos
Para 4-6 personas

185 g de alubias secas (véase la nota)
2 huevos
90 g de aceitunas verdes rellenas en rodajas
1 diente de ajo picado
1 cucharada de perejil de hoja fresco picado
2 cucharadas de aceite de oliva virgen extra
3 cucharaditas de vinagre de vino tinto
1/4 cucharadita de pimentón

1. Deje las alubias en remojo en agua toda la noche. Escúrralas. Póngalas en un cazo con agua hirviendo, llévelas a ebullición y cuézalas a fuego medio, parcialmente tapadas, de 35 a 45 minutos, o hasta que estén tiernas (pero no blandas). Escúrralas.
2. Coloque los huevos en un cazo pequeño, cúbralos con agua y llévelos a ebullición. Déjelos hervir 10 minutos, escúrralos y enfríelos durante 5 minutos en agua fría. Pélelos y píquelos.
3. Mezcle las alubias, los huevos, las aceitunas, el ajo y el perejil en un cuenco. En una jarra, bata el aceite junto con el vinagre, el pimentón y un poco de sal y de pimienta negra recién molida, hasta obtener una mezcla homogénea. Vierta el aderezo sobre las alubias y remueva.
4. Tape la ensalada y déjela a temperatura ambiente al menos 1 hora para que se absorban los sabores, o bien refrigérela toda la noche; mientras más tiempo la deje marinar, mayor será el sabor a ajo.

VALOR NUTRITIVO POR RACIÓN (6)
Proteínas 4,5 g; grasas 8,5 g; hidratos de carbono 4 g; fibra 2,5 g; colesterol 60 mg; 110 cal

Nota: También puede utilizar garbanzos.

Sopa blanca de ajo con uvas (arriba) y Ensalada de alubias

Extienda la pasta tahína sobre las láminas de hojaldre hasta los bordes.

Doble los dos lados de la lámina de modo que se junten en el centro.

Palmeras de tahína y guindilla

Tiempo de preparación:
25 minutos + 30 minutos de refrigeración
Tiempo de cocción:
20 minutos
Para 32 unidades

135 g de pasta tahína
1 guindilla roja fresca, sin semillas y picada fina
1/2 cucharadita de pimentón
2 láminas de pasta de hojaldre preparada y descongelada

1. Precaliente el horno a 200°C.
2. Mezcle la pasta tahína, la guindilla y el pimentón en un cuenco y sale la mezcla. Extienda esta pasta sobre las dos láminas de hojaldre, asegurándose de que llegue hasta los bordes.
3. Tome una de las láminas y doble dos extremos opuestos hasta que los bordes se encuentren en el centro. Luego doble por la mitad, de modo que parezca un libro cerrado. Repita la operación con la otra lámina. En este punto, refrigere el hojaldre al menos 30 minutos para que adquiera consistencia y sea más fácil trabajarlo.
4. Corte el hojaldre en porciones de 1 cm. Forre dos bandejas de horno con papel parafinado y disponga en ellas las palmeras, procurando que no queden muy juntas, pues crecerán durante la cocción.
5. Hornee las palmeras entre 10 y 12 minutos por una cara, déles la vuelta y hornéelas otros 5 ó 6 minutos, o hasta que estén bien hechas. Sírvalas a temperatura ambiente o frías.

VALOR NUTRITIVO POR PALMERA
Proteínas 1,5 g; grasas 5 g; hidratos de carbono 4 g; fibra 1 g; colesterol 2,5 mg; 65 cal

Nota: Si desea congelar las palmeras, colóquelas en una bandeja, antes de hornearlas, y congélelas hasta que se solidifiquen. Guárdelas en bolsas de plástico cerradas. Cuando vaya a hacerlas, colóquelas en dos bandejas de horno y espere a que se descongelen antes de hornearlas siguiendo los pasos descritos. Las palmeras ya hechas se conservan en un recipiente hermético hasta 1 semana. Si se reblandecen, caliéntelas en el horno a temperatura media de 3 a 5 minutos y déjelas enfriar sobre una rejilla. También puede rellenarlas con tapenade o concentrado de tomate.

Palmeras de tahína y guindilla

Doble un lado sobre el otro, de manera que parezca un libro cerrado.

Con un cuchillo afilado, corte el hojaldre en porciones de 1 cm.

Pimientos rellenos

Tiempo de preparación:
40 minutos +
tiempo para enfriar
Tiempo de cocción:
20 minutos
Para unas 20 unidades

5 pimientos rojos grandes
60 g de mantequilla
1 cebolleta en vinagre picada fina
1 diente de ajo majado
30 g de harina
250 ml de leche
3 latas de 100 g de atún en aceite escurrido
1 cucharada de perejil fresco picado
85 g de harina adicional
2 huevos poco batidos
1/2 cucharadita de pimentón
65 g de pan rallado
aceite abundante para freír

1. Caliente la parrilla. Corte los pimientos en cuatro. Áselos con la piel hacia arriba, hasta que se vuelva negra y se formen burbujas. Déjelos enfriar en una bolsa de plástico, y pélelos.
2. En un cazo, caliente la mantequilla a fuego medio. Sofría la cebolla durante 2 minutos o hasta que esté tierna. Agregue el ajo y sofría durante 1 minuto. Incorpore la harina y remueva 1 minuto o hasta que se formen burbujas y cambie de color. Retire el cazo del fuego e incorpore gradualmente la leche, removiendo hasta que la mezcla sea fina. Colóquelo de nuevo al fuego y remueva durante 1 minuto o hasta que la mezcla hierva y se despegue de las paredes del cazo. Agregue el atún, el perejil y un poco de sal. Páselo a un cuenco, cúbralo con film transparente y deje enfriar.
3. Disponga 1 cucharada del relleno en la base de cada cuarto de pimiento, enróllelo y asegúrelo con un palillo. Ponga la harina adicional en un plato, el pimentón con el pan rallado en otro, y los huevos en un cuenco plano.
4. Pase los pimientos por la harina, luego por el huevo y, por último, por el pan rallado.
5. Llene con aceite un tercio de un cazo hondo de fondo pesado y caliéntelo a 180°C. Fría tandas de pimientos, durante 2 minutos o hasta que se doren. Escúrralos sobre papel absorbente y quite los palillos. Sírvalos calientes.

VALOR NUTRITIVO POR PIMIENTO
Proteínas 6 g; grasas 7,5 g; hidratos de carbono 5 g; fibra 0,5 g; colesterol 35 mg; 110 cal

Hinojo cocido

Tiempo de preparación:
15 minutos
Tiempo de cocción:
20 minutos
Para 4 personas

1 bulbo de hinojo
1/2 cebolla en tiras
1/2 cucharadita de azúcar
2 cucharadas de zumo de limón
80 ml de aceite de oliva

1. Caliente el horno a 180°C. Elimine las capas externas del hinojo y córtelo por la mitad. Corte cada mitad en 8 porciones, procurando hacer partes iguales.
2. Disponga el hinojo y la cebolla en una fuente de horno y espolvoree con azúcar. Rocíelo con el zumo, el aceite y 2 cucharadas de agua, y salpimiente. Cúbralo con papel parafinado y luego con papel de aluminio. Hornéelo 20 minutos, o hasta que esté tierno pero sin que se deshaga. Sírvalo caliente.

VALOR NUTRITIVO POR RACIÓN
Proteínas 1,5 g; grasas 20 g; hidratos de carbono 5,5 g; fibra 4 g; colesterol 0 mg; 200 cal

Pimientos rellenos (arriba) e Hinojo cocido

Sardinas asadas con pepino

Tiempo de preparación:
20 minutos + 30 minutos en marinada + 15 minutos para escurrir
Tiempo de cocción:
10 minutos
Para 30 unidades

30 sardinas abiertas, sin cabeza, ni espinas ni vísceras.
2 cucharadas de aceite de oliva
2 cucharadas de aceite vegetal
2 cucharadas de zumo de limón
2 dientes de ajo en láminas
1 cucharada de hojas de orégano fresco
1 pepino pequeño
1/4 cucharadita de azúcar

1. En una fuente que no sea de metal, disponga la mitad de las sardinas en una sola capa. Mezcle los aceites con el zumo, el ajo y el orégano y vierta la mitad del aderezo sobre el pescado. Disponga encima el resto de sardinas y rocíelas con la otra mitad del aderezo. Cúbralas con film transparente y déjelas marinar.30 minutos en la nevera.
2. Mientras tanto, con un pelapatatas ancho, corte tiras longitudinales de pepino, de manera que queden cuatro lados iguales y sin llegar a las semillas. Debería obtener unas 15 tiras de pepino. Córtelas por la mitad para tener 30 tiras de la misma longitud que las sardinas.
3. Coloque las tiras de pepino planas sobre la base y las paredes de un colador y espolvoréelas con azúcar y un poco de sal. Póngalo sobre un cuenco y déjelo escurrir durante unos 15 minutos.
4. Caliente la parrilla. Lave bien el pepino y séquelo con papel absorbente. Disponga una tira de pepino sobre la cara interior de cada sardina. Enróllelas y sujételas con palillos.
5. Coloque la mitad de las sardinas en la parrilla y áselas durante 5 minutos o hasta que estén bien hechas. Repita la operación con las sardinas restantes. Sírvalas calientes, si lo desea acompañadas con un cuenco de *tzatziki*.

VALOR NUTRITIVO POR SARDINA
Proteínas 5 g; grasas 5 g; hidratos de carbono 0 g; fibra 0 g; colesterol 25 mg; 65 cal

Sardinas asadas con pepino (arriba) y Zanahorias con aceitunas

Zanahorias con aceitunas

Tiempo de preparación:
25 minutos
Tiempo de cocción:
15 minutos
Para 4 personas

2 cucharadas de aceite de oliva virgen extra
500 g de zanahorias tiernas en tiras de 5 cm
1 diente de ajo picado
1 cucharada de perejil fresco picado
12 aceitunas verdes sin hueso en rodajas
1 cucharada de almendras fileteadas, ligeramente tostadas

1. Caliente el aceite en un cazo de fondo pesado, añada la zanahoria y rehóguela a fuego lento, tapada, durante unos 10 minutos, agitando el cazo de vez en cuando, hasta que empiece a estar tierna.
2. Agregue el ajo, el perejil y las aceitunas, y remueva.
3. Sazone con sal y pimienta negra recién molida, y remueva a fuego lento durante 1 minuto. Incorpore las almendras y sirva el plato caliente.

VALOR NUTRITIVO POR RACIÓN
Proteínas 2,5 g; grasas 15 g; hidratos de carbono 7 g; fibra 5 g; colesterol 0 mg; 150 cal

Aceitunas marinadas

Las aceitunas son el acompañamiento perfecto para cualquier bebida. Marinar aceitunas de forma casera resulta sencillo. Además se conservan en la nevera durante meses, por lo que puede preparar grandes cantidades.

CONSEJOS SOBRE LA MARINADA

Antes de marinar las aceitunas, aclárelas para eliminar el exceso de sal y séquelas con papel absorbente. Si están duras, puede cortarlas o machacarlas a fin de que absorban mejor los sabores: realice dos o tres incisiones longitudinales y, si lo desea, a continuación macháquelas con firmeza entre papel absorbente.

Para poder apreciar todo el sabor de las aceitunas, tómelas a temperatura ambiente. Sáquelas del frigorífico media hora antes de servir. Puede conservar las aceitunas marinadas durante meses: refrigérelas en tarros esterilizados, totalmente cubiertas con aceite de oliva.

Si le sobra marinada de las aceitunas puede utilizarla para aliñar ensaladas.

ACEITUNAS AL LIMÓN CON VERMUT

Mezcle 3 cucharadas de vermut seco, 1 cucharada de zumo de limón, 2 cucharaditas de tiras de limón y 2 cucharadas de aceite de oliva virgen extra. Aclare 170 g de aceitunas verdes o rellenas y séquelas. Añádalas a la marinada y remueva. Tápelas y déjelas marinar 1 ó 2 horas o refrigérelas toda la noche.

ACEITUNAS CALIENTES PICANTES

Ponga en un cazo 60 ml de aceite de oliva virgen extra, 1 diente de ajo fileteado, 2 cucharaditas de tomillo fresco picado, 1 cucharadita de romero fresco picado, 1/2 cucharadita de comino molido, otra 1/2 de guindilla roja fresca

picada fina y un poco de pimienta negra. Aclare 170 g de aceitunas negras y verdes, y séquelas. Incorpórelas al cazo y caliéntelas a fuego lento hasta que resulten aromáticas. Sírvalas de inmediato.

ACEITUNAS FRITAS
Aclare 120 g de aceitunas verdes rellenas y séquelas. Bata 1 huevo en un cuenco plano. Ponga 100 g de pan rallado en otro cuenco plano. Sumerja las aceitunas de una en una en el huevo y páselas por el pan rallado; repita la operación para obtener un rebozado doble. Fríalas en aceite de oliva ligero hasta que se doren. Escúrralas sobre papel absorbente y sírvalas templadas (no calientes).

ACEITUNAS CON TOMATES SECADOS AL SOL
Aclare 500 g de aceitunas negras; córtelas o macháquelas. Dispóngalas en capas en un cuenco o un tarro junto con 100 g de tomates secados al sol picados y escurridos (reserve el aceite), 2 hojas de laurel, 2 dientes de ajo majados, 3 cucharaditas de hojas de tomillo fresco y 2 cucharaditas de vinagre de vino tinto. Vierta por encima el aceite reservado y 250 ml de aceite de oliva virgen extra. Tápelas y déjelas marinar 1 ó 2 horas, o refrigérelas toda la noche.

ACEITUNAS A LAS HIERBAS
Mezcle 60 ml de aceite de oliva virgen extra junto con 1 diente de ajo majado, 2 cucharaditas de vinagre de jerez, 1 cucharada de mejorana fresca picada y otra de albahaca, 1 hoja de laurel desmenuzada y algo de pimienta negra. Aclare 85 g de aceitunas negras y 85 g de aceitunas verdes y séquelas. Agréguelas a la marinada y remueva. Tápelas y déjelas marinar 1 ó 2 horas o refrigérelas toda la noche.

De izquierda a derecha: Aceitunas al limón con vermut; Calientes picantes; Fritas; Con tomates secados al sol; A las hierbas

Gambas al pil pil

Tiempo de preparación: 30 minutos + 30 minutos de refrigeración
Tiempo de cocción: 10 minutos
Para 4-6 personas

1 kg de gambas crudas medianas
1/2 cucharadita de sal
50 g de mantequilla
80 ml de aceite de oliva
3 dientes de ajo picados gruesos
1/4 cucharadita de copos de guindilla
1/2 cucharadita de pimentón

1. Pele y eviscere las gambas, dejando las colas intactas. Mezcle las gambas con la sal en un cuenco, tápelo y refrigérelas durante unos 30 minutos.
2. Caliente la mantequilla junto con el aceite en una fuente ininflamable a fuego medio. Cuando espumee, sofría el ajo y la guindilla durante 1 minuto o hasta que se doren. Añada las gambas y fríalas de 3 a 6 minutos o hasta que estén hechas. Espolvoree con pimentón y sírvalas bien calientes con pan.

VALOR NUTRITIVO POR RACIÓN (6)
Proteínas 35 g; grasas 20 g; hidratos de carbono 0 g; fibra 0 g; colesterol 270 mg; 320 cal

Nota: Tradicionalmente las gambas al pil pil se cocinan en cazuelitas de barro y se sirve una cazuelita para cada dos personas. Puede preparar esta receta en dos cazuelitas, teniendo en cuenta que el tiempo de cocción será menor.

Pimientos con ajo

Tiempo de preparación: 10 minutos + 30 minutos para enfriar + 2 días en marinada
Tiempo de cocción: 10 minutos
Para 6 personas

aceite de oliva, para freír
3 dientes de ajo
6 pimientos rojos, amarillos y/o verdes
1/4 cucharadita de sal
1/4 cucharadita de guindilla molida
2 hojas de laurel
100 ml de vinagre de vino tinto
80 ml de aceite de oliva virgen extra

1. Caliente el aceite de oliva en una sartén grande a fuego medio, y añada los ajos y los pimientos. Fríalos durante 3 minutos y pase los ajos a una fuente de vidrio o de cerámica lo suficientemente grande como para que quepan todos los pimientos. Mantenga los pimientos al fuego durante otros 2 ó 3 minutos, dándoles la vuelta de vez en cuando, hasta que estén ligeramente dorados, blandos y con la piel arrugada. Retírelos de la sartén y déjelos enfriar lo suficiente para poder manipularlos. Pélelos con cuidado, pero deje los tallos.
2. Disponga los pimientos en la fuente con los ajos y esparza por encima la sal, la guindilla y las hojas de laurel. Vierta por encima el vinagre y el aceite de oliva virgen extra. Tápelos y déjelos enfriar durante unos 30 minutos o hasta que estén a temperatura ambiente.
3. Refrigere la fuente durante 2 días antes de servir. Retírela de la nevera al menos 30 minutos antes de su consumo.

VALOR NUTRITIVO POR RACIÓN
Proteínas 2 g; grasas 20 g; hidratos de carbono 4,5 g; fibra 1,5 g; colesterol 0 mg; 200 cal

Nota: Estos pimientos se suelen comer con tostadas o pan tierno.

Gambas al pil pil (arriba) y Pimientos con ajo

Estire con suavidad de los tentáculos y retire los intestinos al mismo tiempo.

Separe los intestinos de los tentáculos, cortando por debajo de los ojos.

Calamares a la barbacoa

Tiempo de preparación: 40 minutos + 30 minutos de refrigeración
Tiempo de cocción: 15 minutos
Para 6 personas

500 g de calamares pequeños (véase la nota)
1/4 cucharadita de sal

Picadillo
2 cucharadas de aceite de oliva virgen extra
2 cucharadas de perejil fresco picado fino
1 diente de ajo majado
1/4 cucharadita de pimienta

1. Para limpiar el calamar, estire con suavidad de los tentáculos, que deberían salir del cuerpo junto con los intestinos. Separe los intestinos de los tentáculos, cortando por debajo de los ojos. Deseche el pico, si aún está entre los tentáculos. Para ello, apriete el centro hacia afuera con los dedos. Retire la espina dorsal del cuerpo del calamar.
2. Frote los cuerpos de calamar bajo el grifo de agua fría a fin de que la piel se desprenda fácilmente. Lave los cuerpos y los tentáculos y escúrralos bien. Colóquelos en un cuenco, sálelos y remueva. Tápelos y refrigérelos 30 minutos.
3. Caliente una plancha de barbacoa ligeramente engrasada o precaliente la parrilla a la temperatura máxima.
4. Para el picadillo, bata el aceite de oliva junto con el perejil, el ajo, la pimienta y un poco de sal en una jarra o en un cuenco pequeño.
5. Ase los cuerpos de los calamares por tandas pequeñas, en la barbacoa o en la parrilla, durante 2 ó 3 minutos o hasta que estén blancos y tiernos. Ase los tentáculos, dándoles vueltas para que se doren uniformemente, durante 1 minuto o hasta que se encojan. Sirva los calamares calientes, aderezados con el picadillo.

VALOR NUTRITIVO POR RACIÓN
Proteínas 15 g; grasas 7,5 g; hidratos de carbono 0,5 g; fibra 0,5 g; colesterol 165 mg; 125 cal

Nota: Si no encuentra la variedad de calamar "cuello de botella", compre los más pequeños que haya. Esta receta también resulta deliciosa con jibia, pulpo, gambas o porciones de filete de pescado blanco. Prepare el picadillo con la menor antelación posible, para que el perejil no pierda color.

Calamares a la barbacoa

Si el pico todavía se encuentra en el centro de los tentáculos, deséchelo.

Extraiga la espina dorsal del cuerpo del calamar y aclárelo para retirar la piel.

Alcachofas en vinagreta aromática

Tiempo de preparación:
15 minutos +
2 días en marinada
Tiempo de cocción:
Ninguno
Para 8 personas

1/4 cucharadita de comino molido
1 pizca de clavo molido
1 pizca pequeña de hebras de azafrán
1 diente de ajo majado
80 ml de vinagre de vino blanco
300 g de corazones de alcachofa en aceite escurridos
80 ml de aceite de oliva virgen extra

1. Triture las especias, el ajo, la sal, la pimienta y un poco de vinagre en un mortero o en un robot de cocina, hasta obtener una pasta.
2. Disponga las alcachofas, bien ajustadas, en una fuente de 500 ml que no sea metálica.
3. Mezcle la pasta con el vinagre restante y con el aceite, y rocíe las alcachofas. Tápelas y refrigérelas 2 días. Sáquelas 30 minutos antes de servir.

VALOR NUTRITIVO POR RACIÓN
Proteínas 1 g; grasas 9,5 g; hidratos de carbono 0,5 g; fibra 0 g; colesterol 0 mg; 95 cal

Pan de pistacho y azafrán

Tiempo de preparación:
30 minutos + 10 minutos en remojo +
1 hora 45 minutos en reposo
Tiempo de cocción:
20 minutos
Para 1 unidad

2 pizcas de hebras de azafrán
2 1/2 cucharadas de agua caliente
1 cucharada o 2 sobres de 7 g de levadura seca o 40 g de levadura fresca
1 cucharadita de azúcar
250 ml de agua templada
375 g de harina
2 cucharaditas de sal
75 g de pistachos picados gruesos

1. Ponga el azafrán y el agua caliente en un cuenco y déjelo reposar 10 minutos. Coloque la levadura, el azúcar y el agua templada en otro cuenco, tápelo y deje reposar la mezcla en un lugar cálido 10 minutos, o hasta que se vuelva espumosa.
2. Mezcle la harina, la sal y los pistachos en un cuenco. Forme un hueco en el centro y añada la mezcla de levadura y la de azafrán (incluidas las hebras). Mezcle hasta obtener una masa blanda y forme una bola. Pásela a una superficie enharinada y amásela 5 minutos. Colóquela en un cuenco engrasado, tápela holgadamente con film transparente engrasado y deje reposar en un lugar cálido 1 hora y cuarto aproximadamente.
3. Golpee la masa, pásela a una superficie enharinada y amásela 30 segundos. Forme una barra de 30 x 18 x 1,5 cm. Dispóngala sobre una bandeja de horno y déjela reposar en un lugar cálido durante 15 minutos. Caliente el horno a 200°C.
4. Hornee el pan durante 20 minutos. Dele la vuelta y golpee suavemente con las yemas de los dedos. Si suena hueco, el pan está listo.
5. Sírvalo caliente o frío con aceite o una salsa.

VALOR NUTRITIVO POR RACIÓN
Proteínas 2 g; grasas 1,4 g; hidratos de carbono 9,5 g; fibra 8 g; colesterol 0 mg; 59 cal

Nota: Pruebe a formar una barra del mismo tamaño con la mitad de masa. El resultado es similar al pan turco.

Alcachofas en vinagreta aromática (arriba) y Pan de pistacho y azafrán

Pollo al ajillo

Tiempo de preparación: 20 minutos
Tiempo de cocción: 35 minutos
Para 6 personas

1 kg de muslo de pollo deshuesado
1 cucharada de pimentón
2 cucharadas de aceite de oliva
8 dientes de ajo con piel
60 ml de coñac
125 ml de caldo de pollo
1 hoja de laurel
2 cucharadas de perejil fresco picado

1. Recorte el exceso de grasa del pollo y corte los muslos en tres.
2. En un cuenco, mezcle el pimentón con un poco de sal y de pimienta. Pase el pollo por las especias. Caliente la mitad del aceite en una sartén grande a fuego fuerte y sofría los ajos durante 1 ó 2 minutos. Retírelos de la sartén y resérvelos. Fría en el aceite la mitad del pollo 5 minutos o hasta que se dore. Retírelo de la sartén y fría el pollo restante, añadiendo más aceite si es preciso.
3. Devuelva todo el pollo a la sartén, agregue el coñac y deje hervir 30 segundos. Añada el caldo y el laurel. Reduzca el fuego, tápelo y déjelo cocer a fuego lento durante 10 minutos.
4. Mientras, pele los ajos y colóquelos en un mortero o en un cuenco. Añada el perejil y tritúrelo con la mano del mortero o mézclelo con un tenedor hasta formar una pasta. Incorpórela al pollo, tápelo y déjelo al fuego 10 minutos más o hasta que esté tierno.

VALOR NUTRITIVO POR RACIÓN
Proteínas 40 g; grasas 10 g; hidratos de carbono 0,5 g; fibra 1 g; colesterol 85 mg; 270 cal

Pollo al ajillo (arriba) y Tortilla de patatas

Tortilla de patatas

Tiempo de preparación: 20 minutos
Tiempo de cocción: 30 minutos
Para 6-8 personas

125 ml de aceite de oliva
600 g de patatas en rodajas de 4 mm
2 cebollas grandes en rodajas
3 huevos
1/2 cucharadita de sal

1. Caliente el aceite en una sartén antiadherente de 20 cm de diámetro y 5 cm de profundidad. Fría las patatas y las cebollas, tapadas y dándoles vueltas, a fuego lento durante 15 minutos o hasta que estén tiernas, pero sin que se doren demasiado.
2. Deje escurrir el exceso de aceite de la mezcla de patata. Reserve 1 cucharada del aceite.
3. En un cuenco, bata los huevos junto con la sal. Incorpore la mezcla de patata, presionando con el dorso de una cuchara para cubrirla por completo con el huevo.
4. En la misma sartén, caliente el aceite reservado a fuego fuerte. Vierta la mezcla de patata y huevo, y alise la superficie. Reduzca el fuego al mínimo, tape la sartén y deje cocer unos 5 minutos o hasta que cuaje. Agite un poco la sartén de vez en cuando para que no se pegue. Con la ayuda de la tapadera o de un plato grande, dé la vuelta a la tortilla y déjela al fuego otros 5 minutos o hasta que se cuaje y se dore por el otro lado. Sírvala caliente o fría, en porciones.

VALOR NUTRITIVO POR RACIÓN (8)
Proteínas 4,5 g; grasas 15 g; hidratos de carbono 12 g; fibra 1,5 g; colesterol 68 mg; 215 cal

Ensalada picante de patata

Tiempo de preparación:
15 minutos
Tiempo de cocción:
10 minutos
Para 4 personas

500 g de patatas pequeñas
2 cucharaditas de eneldo fresco picado
2 cebolletas picadas
1 cucharada de alcaparras picadas gruesas
2 cucharadas de aceite de oliva virgen extra
1 1/2 cucharadas de zumo de limón
1 cucharadita de ralladura fina de naranja

1. Hierva las patatas en un cazo grande con agua durante 10 minutos o hasta que estén tiernas al pincharlas. Escúrralas bien.
2. Dispóngalas en un cuenco con el eneldo, las cebolletas, las alcaparras y un poco de sal y pimienta. Mézclelo todo. En una jarra, bata el aceite con el zumo y la ralladura. Vierta la mezcla sobre las patatas calientes, remueva y sírvalas templadas.

VALOR NUTRITIVO POR RACIÓN
Proteínas 3 g; grasas 9,5 g; hidratos de carbono 15 g; fibra 2 g; colesterol 0 mg; 170 cal

Ensalada de gambas

Tiempo de preparación:
30 minutos + 1 hora de refrigeración
Tiempo de cocción:
Ninguno
Para 6 personas

700 g de gambas cocidas medianas, peladas y evisceradas
1 cucharada de alcaparras picadas gruesas
1 cucharada de perejil fresco picado
1 cebolleta picada
3 cucharaditas de vinagre de vino tinto
1 cucharada de aceite de oliva virgen extra

1. Mezcle las gambas, las alcaparras, el perejil, la cebolleta y un poco de sal y de pimienta en un cuenco que no sea metálico.
2. Bata el vinagre y el aceite hasta que se mezclen; vierta la mezcla sobre la ensalada de gambas y remueva. Cúbrala con film transparente y refrigérela entre 1 y 3 horas. Sírvala fresca.

VALOR NUTRITIVO POR RACIÓN
Proteínas 25 g; grasas 4 g; hidratos de carbono 0 g; fibra 0 g; colesterol 175 mg; 135 cal

Ostras a la parrilla

Tiempo de preparación:
5 minutos
Tiempo de cocción:
5 minutos
Para 3-4 personas

12 ostras en una de las valvas
35 g de pan rallado
1 diente de ajo pequeño majado
2 cucharaditas de perejil fresco picado
2 cucharaditas de aceite de oliva virgen extra
trozos de limón para servir

1. Precaliente la parrilla a temperatura media. Elimine la posible arena de las ostras y dispóngalas en una bandeja de horno. En un cuenco, mezcle el pan, el ajo, el perejil y el aceite. Salpimiente la mezcla.
2. Espolvoree la mezcla de pan rallado sobre las ostras uniformemente.
3. Áselas hasta que se dore el pan rallado, pero con cuidado de no cocerlas demasiado. Sírvalas con trozos de limón.

VALOR NUTRITIVO POR RACIÓN (4)
Proteínas 3 g; grasas 10 g; hidratos de carbono 6 g; fibra 1 g; colesterol 10 mg; 125 cal

Ensalada picante de patata (arriba), Ensalada de gambas (izquierda) y Ostras a la parrilla (derecha)

Lave bien los mejillones en agua fría y, a continuación, quíteles las barbas.

Retire los mejillones de las valvas y píquelos finamente.

Mejillones rellenos

Tiempo de preparación:
40 minutos +
tiempo para enfriar
Tiempo de cocción:
20 minutos
Para 18 unidades

18 mejillones
2 cucharaditas de aceite de oliva
2 cebolletas picadas finas
1 diente de ajo majado
3 cucharadas de perejil fresco picado
1 cucharada de concentrado de tomate
2 cucharaditas de zumo de limón
35 g de pan rallado
2 huevos batidos
aceite abundante para freír

Salsa blanca
40 g de mantequilla
30 g de harina
80 ml de leche

1. Limpie los mejillones y quíteles las barbas. Deseche los que estén abiertos si no se cierran al darles un golpecito seco. Lleve a ebullición 250 ml de agua, añada los mejillones, tápelos y deje cocer 5 minutos, agitando de vez en cuando. Cuele el líquido y reserve 80 ml. Deseche los moluscos cerrados. Separe el resto de los mejillones de las valvas y reserve la mitad de éstas. Pique los mejillones.
2. Caliente el aceite en un cazo y sofría la cebolleta durante 1 minuto. Agregue el ajo y sofríalo 1 minuto. Incorpore los mejillones, 2 cucharadas del perejil, el concentrado de tomate, el zumo, la sal y la pimienta, y déjelo enfriar.
3. Para la salsa, caliente la mantequilla en un cazo, agregue la harina y remueva durante 1 minuto o hasta que tome color. Retírelo del fuego e incorpore gradualmente el líquido reservado, la leche y un poco de pimienta. Hiérvalo, sin dejar de remover, durante 1 minuto o hasta que espese y se despegue de las paredes del cazo. Deje enfriar.
4. Disponga cucharadas de la mezcla de mejillones en las valvas y cúbrala con la salsa.
5. Mezcle el pan rallado con el perejil restante. Sumerja los mejillones en el huevo y páselos por el pan.
6. Llene con aceite un tercio de un cazo hondo de fondo pesado y caliéntelo a 180°C (un dado de pan se doraría en 15 segundos). Fríalos por tandas durante 2 minutos. Escúrralos y sírvalos calientes.

VALOR NUTRITIVO POR MEJILLÓN
Proteínas 1,5 g; grasas 7 g; hidratos de carbono 3 g; fibra 0,5 g; colesterol 30 mg; 153 cal

Mejillones rellenos

Remueva la salsa hasta que espese y se despegue de las paredes del cazo.

Disponga la mezcla de mejillones en las valvas y cúbrala con la salsa blanca.

Rollos de espinacas, puerros y piñones

Tiempo de preparación:
40 minutos + 1 hora de refrigeración
Tiempo de cocción:
50 minutos
Para 6-8 personas

Pasta
125 g de harina
75 g de harina integral
1/4 cucharadita de sal
60 ml de aceite de oliva

Relleno
470 g de espinacas
50 g de piñones
1 cucharada de aceite de oliva
1 diente de ajo picado
2 puerros, sólo la parte blanca, partidos en dos a lo largo y picados
1 pizca de canela molida
35 g de pan rallado
2 huevos poco batidos

1. Para la pasta, tamice las harinas y la sal sobre un cuenco, y luego añada el salvado al cuenco. Agregue el aceite y trabaje la mezcla: levante la harina sobre una mano y frote ligeramente con la otra por encima. La mezcla empezará a ligarse.
2. Forme un hueco en el centro, añada 2 ó 3 cucharadas de agua y mezcle con las manos; vaya añadiendo el agua necesaria para formar una masa consistente y flexible que se despegue de las paredes del cuenco. Amásela suavemente para ligarla (es posible que no quede fina). Cúbrala con film transparente y refrigérela durante 1 hora.
3. Para el relleno, deseche el cuarto inferior de las espinacas. Lave las hojas y los tallos y córtelos en tiras. Caliente una sartén grande a fuego medio. Tueste los piñones, sin dejar de remover, durante 2 ó 3 minutos o hasta que se doren ligeramente. Retírelos de la sartén.
4. Caliente el aceite en la sartén y rehogue a fuego lento el ajo y el puerro, removiendo de vez en cuando, durante 10 minutos o hasta que se doren y caramelicen. Incorpore las espinacas y remueva a fuego fuerte de 3 a 4 minutos, o hasta que se arruguen y no quede líquido. Páselo todo a un cuenco y déjelo enfriar. Incorpore los piñones, la canela, el pan rallado y los huevos batidos (reserve 2 cucharaditas para glasear) y salpimiéntelo.
5. Precaliente el horno a 210°C y engrase ligeramente una bandeja de horno. Divida la masa en dos porciones. Pase el rodillo sobre una de ellas y forme un rectángulo de 26 x 20 cm. Disponga la mitad del relleno a lo largo de la mitad longitudinal del rectángulo, dejando un borde de 2 cm. Doble por encima la otra mitad de modo que forme un rollo alargado; pliegue entonces los bordes y séllelos. Coloque el rollo sobre la bandeja de horno y repita la operación con la masa y el relleno restantes. Pinte los rollos con el huevo reservado y marque seis porciones con el dorso de un cuchillo, procurando no perforar la pasta. Realice dos pequeñas incisiones en la capa superior de pasta, sobre alguna de las marcas, para permitir que salga el vapor.
6. Hornee los rollos en el centro del horno durante 30 minutos o hasta que se doren y crezcan un poco. Déjelos enfriar 10 minutos antes de cortarlos en porciones. Sírvalas calientes o a temperatura ambiente.

VALOR NUTRITIVO POR RACIÓN (8)
Proteínas 7,5 g; grasas 15 g; hidratos de carbono 20 g; fibra 4,5 g; colesterol 45 mg; 250 cal

Nota: También pueden tomarse fríos. Prepare rollitos individuales con círculos de pasta.

Rollos de espinacas, puerros y piñones

Banderillas

Es posible que el nombre de estos sabrosos aperitivos se deba a su similitud con las banderillas de los toros. Puede servirlas aderezadas con un picadillo, con mayonesa o bien degustarlas sin ningún aliño.

BANDERILLA DE GAMBA, HUEVO Y ESPÁRRAGO
Parta los extremos de 2 puntas de espárragos y córtelos en diagonal en trozos de 3 cm. Hiérvalos en un cazo durante 1 minuto, escúrralos y séquelos. Pele y eviscere 8 gambas cocidas pequeñas. Parta por la mitad 4 huevos duros. Ensarte una gamba, medio huevo y un trozo de espárrago en cada palillo. Para 8 unidades.

BANDERILLA DE ACEITUNA, CEBOLLETA Y PIMIENTO
Corte por la mitad 4 aceitunas verdes rellenas y 4 anchoas. Corte 30 g de pimiento en conserva en 8 tiras. Corte un pepinillo en vinagre en 8 rodajas y una cebolleta en vinagre en 8 gajos. Ensarte en cada palillo media aceituna, una tira de pimiento, un trozo de pepinillo y uno de cebolleta, una anchoa enrollada y una alcaparra. Para 8 unidades.

BANDERILLA DE ATÚN Y PIMIENTO
Corte 4 aceitunas verdes rellenas por la mitad. Corte 30 g de pimiento en conserva en 8 tiras. Trocee 50 g de atún fresco cocido en 8 porciones. Corte en 8 un pepinillo en vinagre. Ensarte en cada palillo media aceituna, una tira de pimiento, un trozo de atún y otro de pepinillo. Para 8 unidades.

BANDERILLA DE GAMBA Y JAMÓN
Pele y eviscere 8 gambas cocidas pequeñas. Corte 25 g de jamón ahumado en 8 tiras, parta 8 trozos de una hoja de lechuga y corte 4 huevos duros por la mitad. Ensarte una gamba, una tira de jamón, un trozo de lechuga enrollado y medio huevo en cada palillo. Para 8 unidades.

BANDERILLA DE ACEITUNA, HUEVO Y ATÚN
Corte por la mitad 4 aceitunas verdes rellenas y 4 huevos duros. Trocee 50 g de atún fresco cocido en 8 porciones. Corte 30 g de pimiento en conserva en 8 tiras. Ensarte aceituna, huevo, atún y pimiento en cada palillo. Para 8 unidades.

BANDERILLA DE ACEITUNA, HUEVO Y ANCHOA
Prepare 8 aceitunas negras curadas. Corte por la mitad 4 anchoas y 4 huevos duros. Ensarte en cada palillo una aceituna, un trozo de anchoa enrollado y medio huevo. Para 8 unidades.

PICADILLO
Mezcle 2 cucharadas de aceite de oliva virgen extra y otras 2 de perejil fresco picado fino junto con 1 diente de ajo majado y sal y pimienta. Rocíe las banderillas con este aderezo.

MAYONESA AROMATIZADA CON AJO
Bata un huevo junto con una pizca de cayena y una cucharada de vinagre de vino blanco, hasta que la mezcla tome un color más claro. Añada 2 dientes de ajo majados y 1/2 cucharadita de sal, y mézclelo bien. A continuación, agregue 175 ml de aceite de oliva en un chorro fino mientras sigue batiendo, hasta que la mezcla resulte homogénea, pálida y cremosa. Sirva esta salsa con las banderillas.

De izquierda a derecha: Gamba, huevo y espárrago; Aceituna, cebolleta y pimiento; Atún y pimiento; Gamba y jamón; Aceituna, huevo y atún; Aceituna, huevo y anchoa; Mayonesa aromatizada con ajo

Langostinos a la barbacoa con salsa romesco

Tiempo de preparación:
30 minutos + 30 minutos de refrigeración + 15 minutos para enfriar
Tiempo de cocción:
25 minutos
Para 6-8 personas

30 langostinos crudos
1/4 cucharadita de sal

Salsa romesco
4 dientes de ajo con piel
1 tomate Roma cortado por la mitad y sin semillas
2 guindillas rojas largas
35 g de almendras peladas
50 g de pimientos secados al sol en aceite
1 cucharada de aceite de oliva
1 cucharada de vinagre de vino tinto

1. Pele y eviscere los langostinos, dejando las colas intactas. Mézclelos con la sal y refrigérelos 30 minutos.
2. Para la salsa, precaliente el horno a 200°C. Envuelva los ajos en papel de aluminio y colóquelos en una bandeja de horno junto con el tomate y las guindillas, y hornéelos durante 12 minutos. Agregue las almendras y siga horneando 8 minutos. Déjelo enfriar 15 minutos.
3. Ponga las almendras en una picadora o en un robot de cocina y muélalas bien finas. Agregue los ajos, sin la piel, y la pulpa del tomate. Abra las guindillas, deseche las semillas y añada la pulpa a las almendras. Seque los pimientos con papel absorbente, píquelos y agréguelos también con el aceite, el vinagre, algo de sal y 2 cucharadas de agua. Tritúrelo todo hasta que la mezcla resulte fina, añadiendo más agua en caso necesario. Precaliente la parrilla o una barbacoa engrasada.
4. Unte los langostinos con aceite y dispóngalos sobre una bandeja para la parrilla o en la barbacoa. Áselos durante unos 3 minutos. Sírvalos con la salsa.

VALOR NUTRITIVO POR RACIÓN (8)
Proteínas 45 g; grasas 8,5 g; hidratos de carbono 1 g; fibra 0,5 g; colesterol 315 mg; 260 cal

Nota: La salsa romesco suele servirse con marisco. Prepárela hasta con 5 días de antelación y refrigérela.

Langostinos a la barbacoa con salsa romesco (arriba) y Tomates rellenos

Tomates rellenos

Tiempo de preparación:
12 minutos
Tiempo de cocción:
Ninguno
Para 8 unidades

8 tomates maduros de unos 5 cm de diámetro
1 aguacate grande maduro
3 cucharaditas de zumo de limón
1 diente de ajo majado
6 filetes de anchoas picados finos
8 aceitunas negras sin hueso y picadas
1 cucharada de cebollino fresco picado

1. Corte una rodaja de 1 cm de la base de cada tomate y retire las semillas y la membrana. Disponga los tomates vacíos sobre una capa doble de papel absorbente, con el orificio hacia abajo, y déjelos escurrir.
2. Pele el aguacate y tritúrelo un poco en un cuenco pequeño. Añada el zumo, el ajo, las anchoas y las aceitunas. Salpimiente al gusto.
3. Rellene los tomates con la mezcla de aguacate y esparza el cebollino por encima.

VALOR NUTRITIVO POR TOMATE
Proteínas 2 g; grasas 7,5 g; hidratos de carbono 2 g; fibra 2 g; colesterol 2 mg; 85 cal

Albóndigas en salsa picante de tomate

Tiempo de preparación: 40 minutos + 30 minutos de refrigeración
Tiempo de cocción: 30 minutos
Para 6 personas

175 g de carne picada de cerdo
175 g de carne picada de ternera
3 dientes de ajo majados
1 cucharadita de cilantro molido
1 cucharadita de nuez moscada molida
1 cucharadita de comino molido
1 pizca de canela molida
35 g de pan rallado
1 huevo
2 cucharadas de aceite de oliva

Salsa picante de tomate
1 cucharada de aceite de oliva
1 cebolla picada
2 dientes de ajo majados
125 ml de vino blanco seco
440 g de tomate triturado en conserva
1 cucharada de concentrado de tomate
125 ml de caldo de pollo
1/2 cucharadita de cayena
80 g de guisantes congelados

1. En un cuenco, mezcle con las manos la carne picada, el ajo, las especias, el pan rallado, el huevo y un poco de sal y de pimienta, hasta que la mezcla resulte fina y se despegue del cuenco. Tápela y refrigérela durante 30 minutos.
2. Forme bolas con la mezcla. Caliente 1 cucharada del aceite en una sartén y fría la mitad de las albóndigas a fuego medio-fuerte de 2 a 3 minutos o hasta que se doren. Escúrralas sobre papel absorbente. Añada el aceite restante, en caso necesario, y dore las albóndigas restantes.
3. Para la salsa, caliente el aceite en un cazo a fuego medio y sofría la cebolla durante 3 minutos. Añada el ajo y sofríalo durante 1 minuto. Suba el fuego, agregue el vino y deje hervir 1 minuto. Incorpore el tomate triturado, el concentrado y el caldo, y deje cocer 10 minutos. Añada la cayena, los guisantes y las albóndigas y deje cocer entre 5 y 10 minutos o hasta que la salsa recubra las albóndigas. Sírvalas calientes.

VALOR NUTRITIVO POR RACIÓN
Proteínas 15 g; grasas 8 g; hidratos de carbono 2,9 g; fibra 0,5 g; colesterol 67 mg; 145 cal

Chorizo a la sidra

Tiempo de preparación: 5 minutos
Tiempo de cocción: 15 minutos
Para 4 personas

3 cucharaditas de aceite de oliva
1 cebolla pequeña picada fina
1 1/2 cucharaditas de pimentón
125 ml de sidra seca con alcohol
60 ml de caldo de pollo
1 hoja de laurel
280 g de chorizo, en rodajas en diagonal
2 cucharaditas de vinagre de jerez o al gusto
2 cucharaditas de perejil fresco picado

1. Caliente el aceite en un cazo y sofría la cebolla durante 3 minutos. Añada el pimentón y sofría 1 minuto más.
2. Agregue la sidra, el caldo y el laurel y lleve a ebullición. Baje el fuego y deje cocer 5 minutos. Añada el chorizo y deje cocer 5 minutos para reducir la salsa. Incorpore el vinagre y el perejil.

VALOR NUTRITIVO POR RACIÓN
Proteínas 8,5 g; grasas 20 g; hidratos de carbono 4 g; fibra 2,5 g; colesterol 35 mg; 255 cal

Albóndigas en salsa picante de tomate (arriba) y Chorizo a la sidra

Ensalada de naranja y rábano

Tiempo de preparación:
15 minutos
Tiempo de cocción:
Ninguno
Para 4 personas

Aderezo
2 cucharadas de aceite de oliva virgen extra
2 cucharaditas de zumo de limón
1 cucharadita de zumo de naranja
1/4 cucharadita de comino molido
1/4 cucharadita de azúcar extrafino

4 naranjas Navel
4 rábanos pequeños, en rodajas finas
12 aceitunas negras sin hueso, en tiras

1. Para preparar el aderezo, bata en un cuenco el aceite, los zumos, el comino y el azúcar.
2. Pele las naranjas, eliminando la pielecilla blanca. Con un cuchillo pequeño y afilado, corte entre las membranas para separar los gajos (hágalo sobre un cuenco para recoger el zumo). En una fuente para servir, disponga los gajos en un círculo y esparza los rábanos por encima. Disponga tres cuartos de las aceitunas en el centro.
3. Vierta el aderezo por encima y esparza las aceitunas restantes. Sirva la ensalada fría.

VALOR NUTRITIVO POR RACIÓN
Proteínas 2 g; grasas 10 g; hidratos de carbono 15 g; fibra 3,5 g; colesterol 0 mg; 160 cal

Nota: Prepare esta ensalada con aproximadamente 1 hora de antelación para que se desarrollen los sabores.

Carne de vaca al whisky

Tiempo de preparación:
10 minutos
Tiempo de cocción:
10 minutos
Para 6 personas

1/2 cucharadita de pimienta negra molida
350 g de carne de vaca en trozos de 6 cm (véase la nota)
1 1/2 cucharadas de aceite de oliva
1 cebolla pequeña cortada en aros
1 diente de ajo en láminas finas
125 ml de whisky
60 ml de caldo de pollo
60 ml de nata líquida

1. Espolvoree los filetes troceados con la pimienta negra. Caliente a fuego fuerte 1 cucharada del aceite en una sartén. Por tandas, dore la carne 20 segundos por cada lado. Retírela de la sartén.
2. Caliente la sartén de nuevo a fuego medio y añada el aceite restante, en caso necesario. Sofría la cebolla, removiendo, durante 1 ó 2 minutos o hasta que esté tierna y ligeramente dorada. Añada el ajo y sofríalo, sin dejar de remover, durante 1 minuto. Suba el fuego, agregue el whisky y deje hervir 1 minuto o hasta que reduzca bastante. Incorpore el caldo y la nata líquida y deje hervir 1 minuto más. Sale la salsa al gusto. Incorpore a la sartén la carne y todo el jugo y remueva durante 30 segundos para calentarla y cubrirla con la salsa. Sirva el plato caliente.

VALOR NUTRITIVO POR RACIÓN
Proteínas 13 g; grasas 8 g; hidratos de carbono 1 g; fibra 0 g; colesterol 725 mg; 175 cal

Nota: Pida en la carnicería que le corten la carne en filetes no más gruesos de 5 mm. Si lo prefiere, puede utilizar ternera en lugar de vaca.

Ensalada de naranja y rábano (arriba) y Carne de vaca al whisky

Sardinas en escabeche

Tiempo de preparación: 40 minutos + 30 minutos para enfriar + 1 noche de refrigeración
Tiempo de cocción: 20 minutos
Para 12 unidades

12 sardinas
1/2 cucharadita de sal
30 g de harina
125 ml de aceite de oliva
4 dientes de ajo
125 ml de vinagre de vino tinto
125 ml de vino blanco seco
2 hojas de laurel
6 granos de pimienta negra
1/4 cucharadita de pimentón
1/2 cucharadita de tomillo seco

1. Para limpiar las sardinas, raspe el cuerpo con un cuchillo pequeño, empezando por la cola, para eliminar las escamas. Hágalo bajo el grifo de agua fría. Realice un corte en la cavidad intestinal. Corte la cabeza y sepárela, de modo que los intestinos salgan al mismo tiempo. Abra la cavidad y elimine los posibles restos. Seque las sardinas con papel absorbente.

2. Sale las sardinas por fuera y por dentro. Coloque la harina en un plato plano y enharine las sardinas, sacudiendo el exceso. Caliente la mitad del aceite en una sartén a fuego medio y fría las sardinas por tandas, durante 2 ó 3 minutos por cada lado, o hasta que se doren y estén crujientes. Disponga las sardinas en una fuente de vidrio o de cerámina, de manera ajustada en una sola capa. Limpie la sartén con papel absorbente.

3. Caliente a fuego medio el aceite restante en la misma sartén y sofría el ajo durante 1 ó 2 minutos o hasta que se dore ligeramente. Disponga el ajo en la fuente con las sardinas. Añada a la sartén el vinagre, el vino blanco, las hojas de laurel, los granos de pimienta, el pimentón y el tomillo, y déjelo hervir a fuego lento durante 2 minutos. Déjelo enfriar unos 30 minutos. Vierta la mezcla reducida sobre las sardinas, tápelas y refrigérelas toda la noche, dándoles la vuelta una vez durante este tiempo. Saque las sardinas del frigorífico al menos 30 minutos antes de servir. Sírvalas frías.

VALOR NUTRITIVO POR SARDINA
Proteínas 20 g; grasas 14 g; hidratos de carbono 2 g; fibra 0,25 g; colesterol 90 mg; 220 cal

Sardinas en escabeche

Realice un corte en la cavidad intestinal con un cuchillo pequeño afilado.

Corte la cabeza y retírela lentamente, de modo que los intestinos salgan a la vez.

Abra la cavidad intestinal y elimine los posibles restos.

Vierta el escabeche sobre las sardinas, tápelas y refrigérelas toda la noche.

Polenta al horno con aderezo picante de tomate

Tiempo de preparación:
20 minutos + 2 horas de refrigeración
Tiempo de cocción:
1 hora 10 minutos
Para 48 unidades

625 ml de leche
100 g de polenta
25 g de mantequilla en dados
1 cucharada de aceite de oliva
1 cucharada de polenta adicional

Aderezo picante de tomate
1 cucharada de aceite
2 cebollas rojas picadas gruesas
9 tomates Roma pequeños picados gruesos
1 guindilla roja grande picada fina
1/4 cucharadita de guindilla en polvo o al gusto
1 cucharada de azúcar moreno
1 cucharada de vinagre de vino tinto

1. En un cazo, lleve la leche a ebullición. Baje el fuego e incorpore la polenta, en un chorro, removiendo hasta que espese. Remueva con una cuchara de madera 20 minutos, hasta que se despegue de las paredes.
2. Retírelo del fuego e incorpore la mantequilla. Sazone. Extienda la mezcla en un molde para tartas engrasado de 30 x 20 cm. Refrigérela durante 2 horas o hasta que se solidifique.
3. Para el aderezo, caliente el aceite en un cazo y sofría la cebolla a fuego fuerte 3 minutos. Agregue el tomate, la guindilla picada y en polvo, el azúcar y el vinagre. Deje cocer, removiendo de vez en cuando, 20 minutos o hasta que espese. Sazónelo.
4. Precaliente el horno a 200°C. Desmolde la polenta, córtela en cuadrados de 5 cm y luego en triángulos. Dispóngalos en una bandeja de horno forrada, úntelos con aceite y espolvoréelos con la polenta adicional. Hornee 10 minutos o hasta que se doren y se forme una costra. Sírvalos calientes con el aderezo caliente.

VALOR NUTRITIVO POR TRIÁNGULO
Proteínas 0,5 g; grasas 1,5 g; hidratos de carbono 1,5 g; fibra 0 g; colesterol 3 mg; 25 cal

Nota: Puede usar polenta instantánea, que está lista en 3 minutos.

Polenta al horno con aderezo picante de tomate (arriba) y Tostadas de tomate y anchoa

Tostadas de tomate y anchoa

Tiempo de preparación:
10 minutos
Tiempo de cocción:
5 minutos
Para 4 personas

8 rebanadas de 1 cm de pan italiano
2 dientes de ajo cortados por la mitad
4 tomates en rama maduros
2 cucharadas de aceite de oliva virgen extra
45 g de filetes de anchoa en conserva, escurridos y en tiras

1. Tueste el pan por ambos lados. Mientras esté aún caliente, frote las dos caras con el ajo cortado.
2. Corte los tomates por la mitad y unte con ellos las dos caras de las tostadas de manera abundante, pero sin llegar a saturar el pan. Pique el tomate restante y distribúyalo sobre las tostadas.
3. Rocíe las tostadas con el aceite y disponga encima las anchoas. Salpimiente las tostadas y sírvalas de inmediato.

VALOR NUTRITIVO POR RACIÓN
Proteínas 9 g; grasas 12 g; hidratos de carbono 30 g; fibra 3 g; colesterol 8,5 mg; 260 cal

Filete de salmón marinado

Tiempo de preparación: 40 minutos + 1 noche en marinada
Tiempo de cocción: 25 minutos
Para 8-10 personas

Marinada
125 ml de aceite de oliva virgen extra
60 ml de vinagre de vino blanco
2 cucharadas de perejil fresco picado
1 pizca de pimentón

1 kg de filete de salmón
1 pimiento rojo pequeño
2 cebolletas en vinagre picadas finas
2 pepinillos en vinagre picados finos

1. Para la marinada, bata en una jarra todos los ingredientes junto con un poco de sal y de pimienta, y resérvela.
2. Corte el salmón por la mitad y colóquelo en una olla para cocer al vapor engrasada. Llene la mitad de un cazo con agua y llévela a ebullición. Coloque encima la olla, tápela y cueza el salmón al vapor de 10 a 12 minutos o hasta que esté bien hecho. La carne debería separarse con facilidad, pero no estar seca. Deseche la piel.
3. Disponga el salmón en una fuente que no sea de metal, de modo que quepa ajustado en una sola capa. Remueva la marinada y viértala sobre el salmón, aún caliente. Tápelo y refrigérelo toda la noche.
4. Precaliente la parrilla. Corte el pimiento en cuatro trozos y áselo con la piel hacia arriba, hasta que se vuelva negra y aparezcan burbujas. Déjelo enfriar en una bolsa de plástico; pélelo y córtelo en tiras finas.
5. Saque el salmón del frigorífico 30 minutos antes de servir. Extráigalo de la marinada (resérvela) y córtelo en trozos de 4 cm. Disponga el salmón en una fuente y rocíelo con la marinada. Esparza la cebolleta y el pepinillo por encima y decore cada trozo de pescado con una tira de pimiento.

VALOR NUTRITIVO POR RACIÓN (10)
Proteínas 1 g; grasas 14 g; hidratos de carbono 1,6 g; fibra 0,5 g; colesterol 0 mg; 130 cal

Nota: Si no dispone de una olla para cocer al vapor, coloque una rejilla de repostería sobre un cazo con agua hirviendo y tápelo con una tapadera o con papel de aluminio.

Palitos de aceituna

Tiempo de preparación: 15 minutos
Tiempo de cocción: 20 minutos
Para 50 unidades

1 cucharada de alcaparras
4 filetes de anchoa
2 cucharadas de pasta de aceitunas
1 cucharada de perejil fresco picado
2 cucharaditas de aceite de oliva
2 láminas de pasta de hojaldre preparada y descongelada

1. Precaliente el horno a 200°C. Pique las alcaparras y las anchoas y mézclelas con los demás ingredientes. Extienda la mitad de la mezcla sobre una lámina de hojaldre y corte tiras de 1 x 25 cm. Repita con la otra mitad.
2. Retuerza las tiras cuatro veces. Forre una bandeja de horno y hornee un cuarto de los palitos durante 5 minutos, dándoles la vuelta una vez. Hornee el resto y sírvalos calientes o fríos.

VALOR NUTRITIVO POR PALITO
Proteínas 2,5 g; grasas 8,5 g; hidratos de carbono 10 g; fibra 0,5 g; colesterol 9,5 mg; 135 cal

Filete de salmón marinado (arriba) y Palitos de aceituna

Calabacín frito

Tiempo de preparación:
20 minutos
Tiempo de cocción:
20 minutos
Para unas 40 unidades

85 g de harina
aceite abundante para freír
5 calabacines en rodajas de 1 cm
2 1/2 cucharadas de aceite de oliva virgen extra
4 dientes de ajo majados
2 filetes de anchoa en conserva picados finos
1 cucharada de vinagre de jerez
1 cucharada de perejil fresco picado

1. Sazone la harina con abundante sal y pimienta negra recién molida. Llene con aceite un tercio de un cazo hondo de fondo pesado y caliéntelo a 180°C (un dado de pan se doraría en 15 segundos).
2. Pase el calabacín por la harina, sacudiendo el exceso. Ponga con cuidado algunas rodajas de calabacín en el aceite y fríalas hasta que se doren. Escúrralas sobre papel absorbente arrugado. Repita con el calabacín restante.
3. En un cazo pequeño, caliente el aceite de oliva virgen a fuego lento, y sofría el ajo y las anchoas durante 3 minutos, sin que se doren. Retire el cazo del fuego e incorpore el vinagre.
4. Coloque el aceite con ajo y anchoa en un cuenco y pase el calabacín por esta mezcla. Esparza el perejil por encima. Esta tapa se puede servir caliente o tomar fría de un día para otro.

VALOR NUTRITIVO POR UNIDAD
Proteínas 0,5 g; grasas 2 g; hidratos de carbono 1,5 g; fibra 0,5 g; colesterol 0 mg; 30 cal

Buñuelos de gamba

Tiempo de preparación:
20 minutos
Tiempo de cocción:
10 minutos
Para unas 30 unidades

85 g de harina
40 g de harina de fuerza
2 cebolletas picadas
2 cucharadas de perejil fresco picado
1 pizca de cayena
185 ml de soda
125 g de gambas cocidas pequeñas, peladas y picadas
aceite abundante para freír

1. Tamice las harinas sobre un cuenco grande. Agregue la cebolleta, el perejil, la cayena y un poco de sal, y mézclelo todo bien. Forme un hueco en el centro, vierta un poco de soda y, con un batidor, vaya mezclando gradualmente con la harina de las paredes hasta formar una pasta. Añada la soda necesaria para que la pasta adquiera una consistencia tal que gotee de una cuchara. A continuación, bata hasta que la mezcla resulte fina. Incorpore las gambas picadas y mézclelo todo bien.
2. Llene con aceite un tercio de un cazo hondo de fondo pesado y caliéntelo a 180°C (si sumerje un dado de pan en el aceite, se dorará en 15 segundos). Vierta medias cucharadas de la pasta en el aceite y fría los buñuelos por tandas durante 1 ó 2 minutos, dándoles vueltas hasta que se doren de manera uniforme y aumenten de volumen. Escúrralos bien sobre papel absorbente arrugado. Sirva estos deliciosos bocados calientes.

VALOR NUTRITIVO POR BUÑUELO
Proteínas 1,5 g; grasas 1,5 g; hidratos de carbono 3 g; fibra 0 g; colesterol 6 mg; 30 cal

Calabacín frito (arriba) y Buñuelos de gamba

Tostadas

Las tostadas ofrecen infinidad de posibilidades y resultan deliciosas como acompañamiento de una bebida fresca. No las prepare con más de una hora de antelación, pues podrían reblandecerse.

TOSTADA BÁSICA

Precaliente la parrilla a la temperatura máxima o caliente una plancha de barbacoa ligeramente engrasada. Corte una barra de pan de leña de 470 g (30 cm) en rebanadas de 1,5 cm. Tueste el pan. Unte una cara con 2 cucharadas de aceite de oliva virgen extra y frótela con un tomate maduro cortado por la mitad, apretándolo para extraer el jugo. Sirva las tostadas calientes. Para unas 20 unidades.

TOSTADA CON SOLOMILLO Y TOMATE

Prepare 8 tostadas. Corte un solomillo de cerdo de 150 g en lonchas y salpimiéntelas. Caliente 2 cucharaditas de aceite de oliva en una sartén y fría el solomillo 20 ó 30 segundos por cada cara. Corte un tomate en rodajas finas. Disponga la carne sobre las tostadas y termine con rodajas de tomate, cortadas por la mitad si son muy grandes. Sirva caliente. Para 8 unidades.

TOSTADA CON ENSALADA DE SALMÓN

Prepare 8 tostadas. Corte en tiras 200 g de salmón ahumado y 40 g de pimiento en conserva. En un cuenco, mezcle 90 g de mayonesa, 2 hojas de lechuga romana en tiras, 2 cucharaditas de zumo de limón y una pizca de pimienta negra. Distribuya la ensalada de salmón ahumado sobre las tostadas y sírvalas. Para 8 unidades.

TOSTADA CON QUESO Y TOMILLO

Prepare 8 tostadas. Corte en lonchas 60 g de queso manchego u otro queso de oveja semicurado. Dispóngalas sobre las tostadas y espolvoréelas con 1/4 cucharadita de hojas de tomillo seco. Para 8 unidades.

TOSTADA CON QUESO AZUL

Prepare 8 tostadas. En un cuenco, mezcle con un tenedor 100 g de gorgonzola y 1 cucharada de coñac, hasta que quede cremoso. Extiéndalo sobre las tostadas y espolvoree con pimienta negra. Para 8 unidades.

TOSTADA CON CHAMPIÑONES

Prepare 8 tostadas y precaliente la parrilla. En una jarra mezcle 1 cucharada de aceite de oliva virgen extra y otra de perejil fresco picado, 1 diente de ajo majado y una buena pizca de sal y de pimienta negra. Deseche los pies de 300 g de champiñones grandes y córtelos en cuatro trozos. Asélos en una bandeja de horno forrada con papel de aluminio durante 6 minutos, dándoles vueltas hasta que se arruguen. Dispóngalos sobre las tostadas y aderécelos. Para 8 unidades.

TOSTADA CON CHORIZO

Prepare 8 tostadas. Caliente 2 cucharaditas de aceite de oliva en una sartén y fría dos chorizos de 80 g a fuego lento durante 20 minutos, dándoles vueltas. Córtelos en rodajas y dispóngalas sobre las tostadas. Para 8 unidades.

De izquierda a derecha: Tostada básica; Solomillo y tomate; Ensalada de salmón; Queso y tomillo; Queso azul; Champiñones; Chorizo

Ensalada de marisco marinado

Tiempo de preparación:
40 minutos + 2 horas de refrigeración
Tiempo de cocción:
10 minutos
Para 6 personas

200 g de vieiras con las huevas
12 mejillones
2 rodajas de limón
2 hojas de laurel
1 pizca de tomillo seco
12 gambas crudas, peladas y evisceradas
250 g de brécol, en ramilletes pequeños
3 cucharaditas de alcaparras
20 aceitunas curadas secas
3 cebolletas picadas
1/2 pimiento verde en dados
60 ml de aceite de oliva
2 cucharadas de zumo de limón
1 cucharadita de mostaza de Dijon
1 diente de ajo majado

1. Retire la vena negra y el tendón blanco de las vieiras. Limpie los mejillones y quíteles las barbas. Deseche los mejillones que estén abiertos y no se cierren al darles un golpecito.
2. Coloque en un cazo el limón, el laurel, el tomillo y 750 ml de agua y llévelo a ebullición. Agregue las vieiras y cuézalas de 30 segundos a 1 minuto o hasta que se vuelvan opacas. Escúrralas sobre papel absorbente. Ahora cueza las gambas de 2 a 3 minutos, y escúrralas también. A continuación, añada los mejillones, tape el cazo y cuézalos 5 minutos o hasta que se abran, agitando el cazo de vez en cuando. Deseche los que sigan cerrados y escurra el resto sobre papel absorbente. Deseche la valva vacía de cada mejillón. Pase el marisco a un cuenco.
3. En otro cazo, lleve agua a ebullición y hierva el brécol durante 2 minutos. Escúrralo y agréguelo al marisco, junto con las alcaparras, las aceitunas, la cebolleta y el pimiento.
4. Bata el aceite con el zumo, la mostaza, el ajo y un poco de sal y de pimienta negra. Vierta el aderezo sobre el marisco y remueva. Tápelo con film transparente y refrigérelo unas 2 horas antes de servir.

VALOR NUTRITIVO POR RACIÓN
Proteínas 18 g; grasas 3,3 g; hidratos de carbono 1,6 g; fibra 2,5 g; colesterol 100 mg; 180 cal

Ensalada de marisco marinado (arriba) y Huevos revueltos con espárragos y cebolleta

Huevos revueltos con espárragos y cebolleta

Tiempo de preparación:
15 minutos
Tiempo de cocción:
10 minutos
Para 6 personas

250 g de espárragos frescos
6 huevos
80 ml de nata líquida
1 cucharada de aceite de oliva
4 cebolletas picadas

1. Recorte los extremos de los espárragos y córtelos en trozos de 4 cm. Hiérvalos en un cazo con agua ligeramente salada durante 3 minutos. Escurra y reserve.
2. En un cuenco, bata los huevos, la nata y un poco de sal y de pimienta negra. En una sartén, caliente el aceite a fuego medio y sofría la cebolleta, removiendo, unos 2 minutos. Reduzca el fuego e incorpore los espárragos y la mezcla de huevo. Siga removiendo suavemente, hasta que la mezcla resulte cremosa y adquiera consistencia. Sírvalo caliente.

VALOR NUTRITIVO POR RACIÓN
Proteínas 7,5 g; grasas 10 g; hidratos de carbono 1,5 g; fibra 1 g; colesterol 198 mg; 130 cal

Espinacas con pasas y piñones

Tiempo de preparación: 15 minutos
Tiempo de cocción: 15 minutos
Para 6 personas

500 g de espinacas
2 cucharadas de piñones
1 cucharada de aceite de oliva
1 cebolla roja pequeña cortada en tiras
1 diente de ajo en láminas finas
2 cucharadas de pasas
1 pizca de canela molida

1. Deseche los tallos de las espinacas. Lave las hojas y trocéelas.
2. Tueste los piñones en una sartén, a fuego medio y sin dejar de remover durante 3 minutos. Retírelos de la sartén.
3. Caliente el aceite en la sartén y rehogue la cebolla a fuego lento, removiendo de vez en cuando, durante 10 minutos o hasta que se vuelva translúcida. Aumente a fuego medio, añada el ajo y sofríalo durante 1 minuto. Agregue las espinacas, sin escurrirlas, las pasas y la canela. Tape la sartén y rehóguelo todo 2 minutos o hasta que las espinacas encojan. Incorpore los piñones y sazone al gusto.

VALOR NUTRITIVO POR RACIÓN
Proteínas 3,5 g; grasas 8 g; hidratos de carbono 4,5 g; fibra 3 g; colesterol 0 mg; 105 cal

Bacalao a la vizcaína

Tiempo de preparación: 35 minutos + 10 minutos para enfriar + 12 horas en remojo
Tiempo de cocción: 25 minutos
Para 6 personas

400 g de bacalao en salazón
1 pimiento rojo
1 cucharada de aceite de oliva
1 cebolla pequeña picada
1 diente de ajo majado
1/4 cucharadita de copos de guindilla seca
1 cucharadita de pimentón
60 ml de vino blanco seco
2 tomates maduros picados finos
1 cucharada de concentrado de tomate
1 cucharada de perejil de hoja fresco picado

1. Deje el bacalao en remojo en agua abundante de 8 a 12 horas, cambiando el agua 5 ó 6 veces. Colóquelo en un cazo con agua hirviendo y cuézalo 5 minutos. Escúrralo y deje enfriar 10 minutos o hasta que pueda manejarlo. Quítele la piel y trocéelo, desechando las espinas. Páselo a un cuenco.
2. Precaliente la parrilla. Corte el pimiento en cuatro trozos y áselo, hasta que la piel oscurezca y aparezcan burbujas. Déjelo enfriar en una bolsa de plástico; pélelo y córtelo en tiras.
3. En un cazo, caliente el aceite a fuego medio, y rehogue la cebolla durante 3 minutos o hasta que se vuelva transparente. Agregue el ajo, la guindilla y el pimentón y sofría 1 minuto. Suba el fuego, añada el vino y deje hervir 30 segundos. Baje el fuego, incorpore el tomate y el concentrado y sofríalo, removiendo de vez en cuando, durante 5 minutos o hasta que espese.
4. Añada el bacalao, tápelo y cuézalo 5 minutos. Incorpore el pimiento y el perejil, remueva con cuidado y pruébelo antes de salarlo. Sírvalo caliente.

VALOR NUTRITIVO POR RACIÓN
Proteínas 20 g; grasas 6 g; hidratos de carbono 3 g; fibra 1,5 g; colesterol 255 mg; 155 cal

Espinacas con pasas y piñones (arriba) y Bacalao a la vizcaína

Pimientos rojos marinados

Tiempo de preparación:
20 minutos +
3 horas o toda la noche en marinada
Tiempo de cocción:
5 minutos
Para 6 personas

3 pimientos rojos
3 ramitas de tomillo fresco
1 diente de ajo en láminas finas
2 cucharaditas de perejil fresco picado grueso
1 hoja de laurel
1 cebolleta en rodajas
1 cucharadita de pimentón
60 ml de aceite de oliva virgen extra
2 cucharadas de vinagre de vino tinto

1. Precaliente la parrilla. Corte el pimiento en cuatro trozos y áselo. Déjelo enfriar en una bolsa de plástico; pélelo y córtelo en tiras finas.
2. Coloque el pimiento en un cuenco de vidrio o de cerámica junto con el tomillo, el ajo, el perejil, el laurel y la cebolleta. Mézclelo bien.
3. Bata el pimentón con el aceite, el vinagre, sal y pimienta. Viértalo sobre los pimientos y remueva. Tápelo y refrigérelo al menos 3 horas o toda la noche. Sáquelo 30 minutos antes de servir.

VALOR NUTRITIVO POR RACIÓN
Proteínas 1 g; grasas 9,5 g; hidratos de carbono 2,5 g; fibra 1 g; colesterol 0 mg; 100 cal

Nota: Puede preparar los pimientos hasta con 3 días de antelación y conservarlos en la nevera

Garbanzos con chorizo

Tiempo de preparación:
15 minutos +
1 noche en remojo
Tiempo de cocción:
1 hora 10 minutos
Para 6 personas

165 g de garbanzos secos
1 hoja de laurel
4 clavos
1 rama de canela
1 litro de caldo de pollo
2 cucharadas de aceite de oliva
1 cebolla picada fina
1 diente de ajo majado
1 pizca de tomillo seco
375 g de chorizo en rodajas
1 cucharada de perejil fresco picado

1. Deje los garbanzos toda la noche en remojo en abundante agua. Escúrralos bien. Colóquelos en un cazo grande junto con el laurel, los clavos, la canela, el caldo y 1,25 litros de agua. Llévelo a ebullición y déjelo hervir a fuego fuerte 1 hora o hasta que los garbanzos estén tiernos. Si requieren más tiempo, añada un poco más de agua. Una vez cocidos, debería quedar sólo un poco de líquido en el cazo. Retire la hoja de laurel, los clavos y la canela.
2. Caliente el aceite en una sartén grande, y rehogue la cebolla a fuego medio durante 3 minutos o hasta que quede translúcida. Añada el ajo y el tomillo, y sofríalo, removiendo, durante 1 minuto. Aumente a fuego medio-fuerte, incorpore el chorizo y sofría 3 minutos más.
3. Agregue los garbanzos y su líquido a la sartén, remueva bien y caliéntelo todo a fuego medio. Retírelo del fuego e incorpore el perejil. Pruébelo antes de sazonarlo con sal y pimienta negra recién molida. Sírvalo caliente o a temperatura ambiente.

VALOR NUTRITIVO POR RACIÓN
Proteínas 12 g; grasas 18 g; hidratos de carbono 12 g; fibra 5,5 g; colesterol 30 mg; 255 cal

Pimientos rojos marinados (arriba) y Garbanzos con chorizo

Croquetas de jamón y champiñones

Tiempo de preparación:
35 minutos +
2 horas para enfriar +
30 minutos de refrigeración
Tiempo de cocción:
20 minutos
Para 18 unidades

90 g de mantequilla
1 cebolla pequeña picada fina
110 g de champiñones grandes picados finos
90 g de harina
250 ml de leche
185 ml de caldo de pollo
110 g de jamón picado fino
60 g de harina adicional
2 huevos poco batidos
50 g de pan rallado
aceite abundante para freír

1. Funda la mantequilla en un cazo a fuego lento y rehogue la cebolla durante 5 minutos o hasta que se vuelva translúcida. Agregue los champiñones y sofríalos 5 minutos a fuego lento, removiendo de vez en cuando. Añada la harina y remueva a fuego medio-lento durante 1 minuto, o hasta que la mezcla quede seca y grumosa y empiece a cambiar de color.
2. Retire la mezcla del fuego e incorpore la leche de manera gradual, removiendo constantemente hasta que quede fina. Agregue el caldo y vuelva a calentarlo, sin dejar de remover, hasta que hierva y espese. Incorpore el jamón y un poco de pimienta, pase la mezcla a un cuenco y déjela unas 2 horas para que se enfríe.
3. Forme croquetas de 6 ó 7 cm con 2 cucharadas de mezcla, ya fría. Coloque la harina adicional, los huevos batidos y el pan rallado en tres cuencos. Pase las croquetas por la harina, luego por el huevo, dejando que gotee el exceso, y finalmente por el pan rallado. Dispóngalas en una bandeja de horno y refrigérelas durante 30 minutos.
4. Llene con aceite un tercio de un cazo hondo de fondo pesado y caliéntelo a 180°C (un dado de pan se doraría en 15 segundos). Fría las croquetas, por tandas, durante 3 minutos, dándoles vueltas para que se doren uniformemente. Escúrralas sobre papel absorbente arrugado. Sírvalas calientes.

VALOR NUTRITIVO POR CROQUETA
Proteínas 4 g; grasas 8 g; hidratos de carbono 9 g; fibra 0,5 g; colesterol 40 mg; 120 cal

Croquetas de jamón y champiñones

Agregue el caldo a la mezcla de champiñones y remueva hasta que espese.

Forme croquetas con 2 cucharadas de la mezcla.

Pase las croquetas por la harina y, a continuación, por el huevo batido.

El aceite está a 180°C cuando un dado de pan se dora en 15 segundos.

Atún con salsa de aceitunas

Tiempo de preparación:
15 minutos
Tiempo de cocción:
5 minutos
Para 4 personas

3 tomates maduros, pelados, sin semillas y picados
2 cucharadas de alcaparras
2 cucharaditas de piel de limón en tiritas
1 cucharada de zumo de limón
4 cebolletas picadas
1 cucharada de perejil fresco picado
1 diente de ajo majado
12 aceitunas negras sin hueso
3 cucharadas de aceite de oliva virgen extra
600 g de filete de atún, en dados de 2 cm

1. En un cuenco, mezcle el tomate, las alcaparras, la piel y el zumo de limón, la cebolleta, el perejil, el ajo, las aceitunas y 2 cucharadas del aceite. Salpiméntelo y resérvelo.
2. Caliente el aceite restante en una sartén antiadherente y fría el atún por tandas, a fuego fuerte, durante 1 ó 2 minutos, dándole la vuelta una vez. El atún no debe estar hecho del todo, pues quedaría muy seco. Dispóngalo en una fuente plana.
3. Vierta la salsa de aceitunas por encima y sírvalo templado.

VALOR NUTRITIVO POR RACIÓN
Proteínas 35 g; grasas 4,5 g; hidratos de carbono 2,5 g; fibra 1,5 g; colesterol 105 mg; 180 cal

Champiñones rellenos

Tiempo de preparación:
25 minutos +
1 hora para enfriar
Tiempo de cocción:
25 minutos
Para unas 28 unidades

850 g de champiñones grandes
40 g de mantequilla
1 cebolla pequeña picada fina
100 g de carne picada de cerdo
60 g de chorizo picado
1 cucharada de concentrado de tomate
2 cucharadas de pan rallado
1 cucharada de perejil fresco picado

1. Corte los pies de los champiñones. Pique los pies y resérvelos.
2. Funda la mantequilla en una sartén a fuego lento y sofría la cebolla, removiendo de vez en cuando, durante 5 minutos o hasta que esté tierna. Aumente a fuego fuerte, agregue la carne y fríala durante 1 minuto, sin dejar de remover y deshaciendo los grumos. Añada los pies de los champiñones y el chorizo y siga removiendo 1 minuto o hasta que la mezcla esté dorada y seca. Añada el concentrado de tomate y 125 ml de agua. Llévelo a ebullición, reduzca a fuego lento y déjelo cocer 5 minutos o hasta que espese. Incorpore el pan rallado. Déjelo enfriar 1 hora.
3. Precaliente el horno a 210°C y engrase una bandeja de horno. Disponga aproximadamente 1 1/2 cucharaditas de la mezcla de carne, ya fría, en cada sombrerillo de champiñón, alisando el relleno con una espátula para que quede redondeado. Coloque los champiñones en la bandeja y hornéelos en la mitad superior del horno durante unos 10 minutos. Esparza el perejil por encima y sírvalos calientes.

VALOR NUTRITIVO POR CHAMPIÑÓN
Proteínas 2,5 g; grasas 2 g; hidratos de carbono 1 g; fibra 1 g; colesterol 6,5 mg; 30 cal

Atún con salsa de aceitunas (arriba) y Champiñones rellenos

Índice